50 Pequeños Chefs, Recetas de Grandes Comidas

Por: Kelly Johnson

Table of Contents

- Tortilla de patatas
- Ensalada César
- Sopa de verduras
- Arroz con pollo
- Pizza margarita
- Pasta al pesto
- Hamburguesa casera
- Tacos de carne
- Pollo al horno
- Crepes de jamón y queso
- Croquetas de pollo
- Gazpacho andaluz
- Empanadas de carne
- Pimientos rellenos
- Albóndigas en salsa
- Huevos revueltos
- Panqueques de plátano

- Ensalada de frutas
- Lasaña de verduras
- Nuggets de pollo
- Puré de papas
- Tortitas de maíz
- Sándwich club
- Calabacines rellenos
- Arroz a la cubana
- Pescado empanizado
- Canelones de espinaca
- Tarta de manzana
- Batido de fresas
- Brochetas de verduras
- Sopa de pollo con fideos
- Muffins de chocolate
- Pan de ajo
- Papas bravas
- Quesadillas de queso
- Pastel de zanahoria

- Flan casero
- Pollo a la plancha
- Pizza de jamón y piña
- Ensalada de atún
- Chili con carne
- Rollitos primavera
- Galletas de avena
- Espaguetis a la boloñesa
- Tortilla francesa
- Smoothie de mango
- Panqueques de avena
- Empanadillas de atún
- Batata al horno
- Helado de vainilla

Tortilla de Patatas

Ingredientes:

- 4 patatas grandes
- 1 cebolla
- 6 huevos
- Aceite de oliva
- Sal

Instrucciones:

1. Pelar y cortar las patatas y la cebolla en rodajas finas.
2. Calentar abundante aceite de oliva en una sartén y freír las patatas y la cebolla a fuego medio hasta que estén blandas (unos 15-20 minutos). Remover de vez en cuando.
3. Batir los huevos en un bol grande y añadir sal al gusto.
4. Escurrir las patatas y la cebolla y mezclarlas con los huevos.
5. Calentar un poco de aceite en una sartén limpia y verter la mezcla.
6. Cocinar a fuego bajo hasta que cuaje la parte de abajo (unos 5 minutos).
7. Dar la vuelta con ayuda de un plato y cocinar el otro lado hasta que esté hecho (otros 5 minutos).
8. Servir caliente o a temperatura ambiente.

Ensalada César

Ingredientes:

- Lechuga romana
- Picatostes (croutons)
- Queso parmesano rallado
- Salsa César (comprada o casera)
- Opcional: pechuga de pollo a la plancha

Instrucciones:

1. Lavar y trocear la lechuga romana.
2. Mezclar la lechuga con la salsa César hasta que esté bien cubierta.
3. Añadir los picatostes y el queso parmesano rallado por encima.
4. Opcionalmente, añadir pollo a la plancha en tiras para hacerla más completa.
5. Servir inmediatamente.

Sopa de Verduras

Ingredientes:

- 1 cebolla
- 2 zanahorias
- 2 patatas
- 1 calabacín
- 1 tomate
- 1 rama de apio
- 1 diente de ajo
- 1 litro de caldo de verduras o agua
- Aceite de oliva
- Sal y pimienta

Instrucciones:

1. Picar todas las verduras en trozos pequeños.
2. Calentar aceite en una olla y sofreír la cebolla y el ajo hasta que estén transparentes.
3. Añadir las zanahorias, patatas, apio y calabacín, y cocinar 5 minutos.
4. Incorporar el tomate picado y el caldo.
5. Llevar a ebullición, bajar el fuego y cocer durante 20-25 minutos hasta que las verduras estén tiernas.

6. Salpimentar al gusto y servir caliente.

Arroz con Pollo

Ingredientes:

- 2 tazas de arroz
- 500 g de pollo (troceado)
- 1 cebolla
- 1 pimiento rojo
- 2 tomates
- 2 dientes de ajo
- 4 tazas de caldo de pollo
- Aceite de oliva
- Sal y pimienta
- Perejil para decorar

Instrucciones:

1. Sofreír la cebolla, el ajo y el pimiento picados en aceite hasta que estén tiernos.
2. Añadir el pollo y dorarlo por todos lados.
3. Incorporar los tomates picados y cocinar unos minutos.
4. Agregar el arroz y mezclar bien.
5. Verter el caldo caliente, salpimentar y dejar cocinar a fuego medio hasta que el arroz esté tierno y el líquido se haya absorbido (unos 20 minutos).
6. Decorar con perejil picado y servir.

Pizza Margarita

Ingredientes:

- Masa para pizza
- 200 g de salsa de tomate
- 200 g de mozzarella fresca
- Hojas de albahaca fresca
- Aceite de oliva
- Sal

Instrucciones:

1. Extender la masa de pizza en una bandeja para horno.
2. Cubrir con la salsa de tomate y repartir la mozzarella en trozos.
3. Hornear a 220°C durante 10-12 minutos hasta que la masa esté dorada y el queso fundido.
4. Colocar las hojas de albahaca fresca por encima.
5. Añadir un chorrito de aceite de oliva y una pizca de sal antes de servir.

Pasta al Pesto

Ingredientes:

- 400 g de pasta (tipo fusilli o espaguetis)
- 1 taza de hojas de albahaca fresca
- 1/2 taza de piñones
- 1/2 taza de queso parmesano rallado
- 1 diente de ajo
- 1/2 taza de aceite de oliva
- Sal y pimienta

Instrucciones:

1. Cocer la pasta en agua con sal hasta que esté al dente. Escurrir.
2. En un procesador, triturar la albahaca, los piñones, el ajo y el queso parmesano.
3. Añadir el aceite de oliva poco a poco hasta obtener una salsa cremosa.
4. Mezclar la pasta con la salsa pesto.
5. Servir inmediatamente con un poco más de queso por encima.

Hamburguesa Casera

Ingredientes:

- 500 g de carne picada (res o mezcla)
- 1 huevo
- Sal y pimienta
- Pan de hamburguesa
- Lechuga, tomate, cebolla y queso (opcional)
- Ketchup, mayonesa o mostaza (opcional)

Instrucciones:

1. Mezclar la carne picada con el huevo, sal y pimienta. Formar hamburguesas.
2. Cocinar las hamburguesas en una sartén o parrilla hasta el punto deseado.
3. Tostar ligeramente el pan.
4. Montar la hamburguesa con lechuga, tomate, cebolla, queso y salsas al gusto.
5. Servir caliente.

Tacos de Carne

Ingredientes:

- 400 g de carne picada de res o cerdo
- 1 cebolla
- 2 dientes de ajo
- Especias (comino, pimentón, chile en polvo)
- Tortillas de maíz o harina
- Cilantro fresco
- Limón
- Salsa al gusto

Instrucciones:

1. Sofreír la cebolla y el ajo picados en aceite.
2. Añadir la carne picada y las especias, cocinar hasta que esté bien hecha.
3. Calentar las tortillas.
4. Rellenar las tortillas con la carne, cilantro fresco y un chorrito de limón.
5. Añadir salsa al gusto y servir.

Pollo al Horno

Ingredientes:

- 1 pollo entero o piezas de pollo
- 4 dientes de ajo
- Jugo de 1 limón
- Aceite de oliva
- Sal, pimienta y hierbas (romero, tomillo)

Instrucciones:

1. Precalentar el horno a 200°C.
2. Mezclar el ajo picado, jugo de limón, aceite, sal, pimienta y hierbas.
3. Untar el pollo con esta mezcla por dentro y por fuera.
4. Colocar el pollo en una bandeja y hornear durante 45-60 minutos, hasta que esté dorado y bien cocido.
5. Dejar reposar 10 minutos antes de servir.

Crepes de Jamón y Queso

Ingredientes:

- 1 taza de harina
- 2 huevos
- 1 taza de leche
- 1 pizca de sal
- Mantequilla para la sartén
- Jamón en lonchas
- Queso rallado o en lonchas

Instrucciones:

1. Batir la harina, los huevos, la leche y la sal hasta obtener una masa líquida y sin grumos.
2. Calentar una sartén antiadherente con un poco de mantequilla.
3. Verter un poco de masa, extenderla bien y cocinar hasta que cuaje la superficie.
4. Dar la vuelta y cocinar un minuto más.
5. Rellenar con jamón y queso, doblar o enrollar y calentar un poco más para que el queso se derrita.
6. Servir caliente.

Croquetas de Pollo

Ingredientes:

- 250 g de pollo cocido y desmenuzado
- 1 cebolla pequeña
- 50 g de mantequilla
- 3 cucharadas de harina
- 500 ml de leche
- Sal y pimienta
- Nuez moscada
- Pan rallado
- 2 huevos
- Aceite para freír

Instrucciones:

1. Picar la cebolla y pocharla en mantequilla hasta que esté transparente.
2. Añadir la harina y cocinar un minuto sin dejar de remover.
3. Incorporar la leche poco a poco, removiendo hasta obtener una bechamel espesa.
4. Añadir el pollo desmenuzado, sal, pimienta y una pizca de nuez moscada. Mezclar bien y dejar enfriar.
5. Formar croquetas, pasarlas por huevo batido y pan rallado.

6. Freír en abundante aceite caliente hasta que estén doradas. Escurrir en papel absorbente y servir.

Gazpacho Andaluz

Ingredientes:

- 6 tomates maduros
- 1 pimiento verde
- 1 pepino
- 1 diente de ajo
- 50 ml de aceite de oliva
- 20 ml de vinagre de vino
- Sal
- Agua fría (opcional)

Instrucciones:

1. Pelar los tomates y el pepino (opcional).
2. Triturar los tomates, pimiento, pepino y ajo hasta obtener una mezcla homogénea.
3. Añadir el aceite, el vinagre y la sal.
4. Mezclar bien y añadir agua fría si se desea una textura más ligera.
5. Refrigerar al menos 2 horas antes de servir.

Empanadas de Carne

Ingredientes:

- Masa para empanadas (comprada o casera)
- 300 g de carne picada
- 1 cebolla
- 1 pimiento rojo
- 1 tomate
- 1 huevo duro (opcional)
- Aceite de oliva
- Sal, pimienta y comino

Instrucciones:

1. Sofreír la cebolla y el pimiento picados hasta que estén tiernos.
2. Añadir la carne picada y cocinar hasta que se dore.
3. Incorporar el tomate picado, sal, pimienta y comino. Cocinar unos minutos más.
4. Dejar enfriar y mezclar con huevo duro picado si se desea.
5. Rellenar la masa con la mezcla, cerrar las empanadas y sellar los bordes.
6. Hornear a 200°C durante 20-25 minutos o freír hasta dorar.

Pimientos Rellenos

Ingredientes:

- 4 pimientos grandes (rojos o verdes)
- 300 g de carne picada
- 1 cebolla
- 2 dientes de ajo
- 1 taza de arroz cocido
- Salsa de tomate
- Aceite de oliva
- Sal y pimienta

Instrucciones:

1. Cortar la parte superior de los pimientos y limpiar las semillas.
2. Sofreír la cebolla y el ajo picados. Añadir la carne y cocinar hasta dorar.
3. Mezclar la carne con el arroz cocido, salpimentar.
4. Rellenar los pimientos con la mezcla y colocar en una bandeja para horno.
5. Cubrir con salsa de tomate y hornear a 180°C durante 30-40 minutos hasta que los pimientos estén tiernos.

Albóndigas en Salsa

Ingredientes:

- 500 g de carne picada
- 1 huevo
- Pan rallado
- 2 dientes de ajo
- Perejil picado
- Sal y pimienta
- 1 cebolla
- 400 ml de salsa de tomate
- Aceite de oliva

Instrucciones:

1. Mezclar la carne con huevo, pan rallado, ajo picado, perejil, sal y pimienta.
2. Formar albóndigas pequeñas.
3. Freírlas ligeramente en aceite y reservar.
4. Sofreír cebolla picada, añadir la salsa de tomate y cocinar unos minutos.
5. Incorporar las albóndigas a la salsa y cocinar a fuego lento 15-20 minutos.
6. Servir calientes.

Huevos Revueltos

Ingredientes:

- 4 huevos
- Sal y pimienta
- Mantequilla o aceite

Instrucciones:

1. Batir los huevos con sal y pimienta.
2. Calentar mantequilla o aceite en una sartén.
3. Verter los huevos y cocinar a fuego medio, removiendo suavemente hasta que estén cremosos y cuajados al gusto.
4. Servir inmediatamente.

Panqueques de Plátano

Ingredientes:

- 2 plátanos maduros
- 2 huevos
- 1/2 taza de harina (opcional)
- 1 cucharadita de polvo de hornear
- Mantequilla o aceite para la sartén

Instrucciones:

1. Machacar los plátanos en un bol.
2. Añadir los huevos y mezclar bien.
3. Incorporar la harina y el polvo de hornear hasta obtener una masa homogénea (opcional, para más consistencia).
4. Calentar la sartén con un poco de mantequilla.
5. Verter porciones de masa y cocinar hasta que se formen burbujas en la superficie, dar la vuelta y cocinar un minuto más.
6. Servir con miel, frutas o sirope.

Ensalada de Frutas

Ingredientes:

- Frutas variadas (manzana, plátano, naranja, kiwi, fresas, etc.)
- Jugo de limón
- Miel o azúcar (opcional)
- Hojas de menta para decorar (opcional)

Instrucciones:

1. Lavar, pelar y cortar las frutas en trozos pequeños.
2. Mezclar las frutas en un bol grande.
3. Añadir un poco de jugo de limón para evitar que se oxiden.
4. Endulzar con miel o azúcar si se desea.
5. Decorar con hojas de menta y servir frío.

Lasaña de Verduras

Ingredientes:

- Láminas de lasaña
- 2 calabacines
- 2 berenjenas
- 1 cebolla
- 2 tomates
- 250 g de queso ricotta o requesón
- Salsa de tomate
- Queso mozzarella rallado
- Aceite de oliva
- Sal y pimienta

Instrucciones:

1. Cortar las verduras en rodajas y saltearlas ligeramente con aceite, sal y pimienta.
2. Cocer las láminas de lasaña según las instrucciones del paquete.
3. En una fuente para horno, colocar una capa de salsa de tomate, una capa de láminas de lasaña, una capa de verduras, una capa de queso ricotta. Repetir las capas.
4. Terminar con una capa de queso mozzarella.
5. Hornear a 180°C durante 30-40 minutos hasta que esté dorado y burbujeante.

6. Dejar reposar unos minutos antes de servir.

Nuggets de Pollo

Ingredientes:

- 500 g de pechuga de pollo picada o triturada
- 1 huevo
- Sal y pimienta
- Pan rallado
- Harina
- Aceite para freír

Instrucciones:

1. Formar pequeñas porciones de pollo y darles forma de nuggets.
2. Pasar cada nugget por harina, luego huevo batido y finalmente pan rallado.
3. Freír en aceite caliente hasta que estén dorados y cocidos por dentro.
4. Escurrir sobre papel absorbente y servir.

Puré de Papas

Ingredientes:

- 1 kg de papas
- 50 g de mantequilla
- 100 ml de leche
- Sal y pimienta

Instrucciones:

1. Pelar y cortar las papas en trozos. Cocer en agua con sal hasta que estén tiernas.
2. Escurrir y aplastar las papas hasta hacer un puré.
3. Añadir la mantequilla y la leche caliente, mezclar bien hasta obtener una textura cremosa.
4. Salpimentar al gusto y servir caliente.

Tortitas de Maíz

Ingredientes:

- 2 tazas de harina de maíz
- 1 taza de agua
- Sal
- Aceite para freír

Instrucciones:

1. Mezclar la harina de maíz con agua y sal hasta formar una masa manejable.
2. Formar pequeñas tortitas con la masa.
3. Freír en aceite caliente hasta que estén doradas por ambos lados.
4. Escurrir y servir calientes.

Sándwich Club

Ingredientes:

- 3 rebanadas de pan de molde tostado
- Pechuga de pollo o pavo en lonchas
- Tocino frito
- Lechuga
- Tomate en rodajas
- Mayonesa
- Queso (opcional)

Instrucciones:

1. Untar mayonesa en cada rebanada de pan.
2. Colocar en la primera rebanada lechuga, tomate y pechuga de pollo o pavo.
3. Poner encima la segunda rebanada de pan, agregar tocino frito y queso.
4. Cubrir con la última rebanada de pan.
5. Cortar en triángulos y sujetar con palillos. Servir.

Calabacines Rellenos

Ingredientes:

- 4 calabacines grandes
- 300 g de carne picada o mezcla de verduras picadas
- 1 cebolla
- 2 dientes de ajo
- Salsa de tomate
- Queso rallado
- Aceite de oliva
- Sal y pimienta

Instrucciones:

1. Cortar los calabacines por la mitad y vaciar el interior, reservar la pulpa.
2. Sofreír la cebolla y el ajo picados, añadir la carne o verduras y la pulpa del calabacín picada. Cocinar hasta que esté hecho.
3. Rellenar los calabacines con la mezcla.
4. Cubrir con salsa de tomate y queso rallado.
5. Hornear a 180°C durante 25-30 minutos hasta que estén tiernos y dorados.

Arroz a la Cubana

Ingredientes:

- 2 tazas de arroz blanco cocido
- 4 huevos
- 2 plátanos maduros
- Salsa de tomate
- Aceite
- Sal

Instrucciones:

1. Freír los huevos en aceite hasta que la clara esté cocida pero la yema quede líquida.
2. Pelar y cortar los plátanos, freírlos hasta dorar.
3. Servir el arroz con un huevo frito encima, los plátanos a un lado y un poco de salsa de tomate.

Pescado Empanizado

Ingredientes:

- 4 filetes de pescado (merluza, tilapia, etc.)
- Harina
- 2 huevos
- Pan rallado
- Sal y pimienta
- Aceite para freír

Instrucciones:

1. Salpimentar los filetes de pescado.
2. Pasar cada filete por harina, luego huevo batido y finalmente pan rallado.
3. Freír en aceite caliente hasta que estén dorados y crujientes.
4. Escurrir y servir caliente con limón.

Canelones de Espinaca

Ingredientes:

- 12 láminas de pasta para canelones
- 500 g de espinacas frescas
- 1 cebolla pequeña
- 200 g de ricotta o requesón
- 100 g de queso rallado (parmesano o mozzarella)
- 500 ml de salsa bechamel
- Aceite de oliva
- Sal y pimienta

Instrucciones:

1. Cocer las láminas de pasta según las instrucciones y reservar.
2. Picar y saltear la cebolla en aceite, añadir las espinacas hasta que se reduzcan y se evapore el líquido.
3. Mezclar las espinacas con el queso ricotta, salpimentar.
4. Rellenar las láminas de pasta con la mezcla y enrollar.
5. Colocar los canelones en una fuente para horno, cubrir con la salsa bechamel y espolvorear queso rallado.
6. Hornear a 180°C durante 25-30 minutos hasta que estén dorados.

Tarta de Manzana

Ingredientes:

- 1 masa quebrada o de hojaldre
- 4 manzanas
- 100 g de azúcar
- 1 cucharadita de canela
- Mermelada de albaricoque (opcional)

Instrucciones:

1. Extender la masa en un molde para tarta.
2. Pelar y cortar las manzanas en láminas finas.
3. Colocar las manzanas sobre la masa, espolvorear con azúcar y canela.
4. Hornear a 180°C durante 30-35 minutos.
5. Opcionalmente, pintar la superficie con mermelada para darle brillo.

Batido de Fresas

Ingredientes:

- 200 g de fresas frescas o congeladas
- 250 ml de leche o yogur natural
- 1-2 cucharadas de azúcar o miel
- Hielo (opcional)

Instrucciones:

1. Lavar las fresas y quitarles las hojas.
2. Batir todos los ingredientes en una licuadora hasta obtener una mezcla homogénea.
3. Servir frío.

Brochetas de Verduras

Ingredientes:

- Pimientos de varios colores
- Calabacín
- Champiñones
- Cebolla
- Aceite de oliva
- Sal, pimienta y hierbas al gusto

Instrucciones:

1. Cortar las verduras en trozos del tamaño de un bocado.
2. Ensartar las verduras en palitos para brochetas alternando colores.
3. Untar con aceite y sazonar con sal, pimienta y hierbas.
4. Cocinar a la plancha o al horno hasta que estén tiernas y doradas.

Sopa de Pollo con Fideos

Ingredientes:

- 1 pechuga de pollo
- 1 zanahoria
- 1 cebolla
- 2 dientes de ajo
- 100 g de fideos finos
- Caldo de pollo o agua
- Sal y pimienta

Instrucciones:

1. Cocer la pechuga con la cebolla, ajo y zanahoria hasta que esté tierna.
2. Sacar el pollo y desmenuzarlo.
3. Colar el caldo y volver a ponerlo al fuego.
4. Añadir los fideos y cocinar hasta que estén tiernos.
5. Incorporar el pollo desmenuzado, salpimentar y servir caliente.

Muffins de Chocolate

Ingredientes:

- 200 g de harina
- 50 g de cacao en polvo
- 150 g de azúcar
- 2 huevos
- 100 ml de aceite
- 120 ml de leche
- 1 cucharadita de polvo de hornear
- Chips de chocolate (opcional)

Instrucciones:

1. Mezclar los ingredientes secos: harina, cacao, azúcar y polvo de hornear.
2. Añadir los huevos, aceite y leche, mezclar hasta integrar.
3. Incorporar chips de chocolate si deseas.
4. Verter la mezcla en moldes para muffins.
5. Hornear a 180°C durante 20-25 minutos.

Pan de Ajo

Ingredientes:

- 1 barra de pan (baguette o similar)
- 100 g de mantequilla
- 3 dientes de ajo picados
- Perejil picado
- Sal

Instrucciones:

1. Mezclar la mantequilla con el ajo, perejil y una pizca de sal.
2. Cortar el pan en rebanadas sin llegar al final, formando "cuadros".
3. Untar la mezcla de mantequilla entre las rebanadas y por encima.
4. Hornear a 180°C durante 10-15 minutos hasta que esté dorado y crujiente.

Papas Bravas

Ingredientes:

- 4 papas medianas
- Aceite para freír
- Sal

Para la salsa brava:

- 1 cucharada de pimentón picante
- 1 cucharada de tomate frito
- 1 diente de ajo
- Aceite de oliva
- Sal

Instrucciones:

1. Pelar y cortar las papas en cubos.
2. Freírlas en aceite caliente hasta que estén doradas y crujientes. Escurrir y salar.
3. Para la salsa, sofreír el ajo picado, añadir el tomate frito y el pimentón. Cocinar unos minutos y rectificar de sal.
4. Servir las papas con la salsa por encima o a un lado.

Quesadillas de Queso

Ingredientes:

- Tortillas de harina o maíz
- Queso rallado (queso mozzarella, cheddar o similar)
- Mantequilla o aceite

Instrucciones:

1. Calentar una tortilla en sartén con un poco de mantequilla.
2. Espolvorear queso rallado sobre la mitad de la tortilla.
3. Doblar la tortilla y cocinar hasta que el queso se derrita y la tortilla esté dorada.
4. Cortar en triángulos y servir caliente.

Pastel de Zanahoria

Ingredientes:

- 3 zanahorias ralladas
- 3 huevos
- 200 g de azúcar
- 250 g de harina
- 150 ml de aceite de girasol
- 1 sobre de levadura química (polvo de hornear)
- 1 cucharadita de canela (opcional)
- 1 pizca de sal

Instrucciones:

1. Precalentar el horno a 180°C.
2. Batir los huevos con el azúcar hasta que la mezcla esté espumosa.
3. Añadir el aceite y mezclar.
4. Incorporar la harina tamizada con la levadura, la canela y la sal. Mezclar bien.
5. Añadir las zanahorias ralladas y mezclar suavemente.
6. Verter en un molde engrasado y hornear durante 35-40 minutos.
7. Dejar enfriar antes de desmoldar.

Flan Casero

Ingredientes:

- 1 litro de leche
- 6 huevos
- 150 g de azúcar
- 1 cucharadita de esencia de vainilla
- Caramelo líquido (para el molde)

Instrucciones:

1. Batir los huevos con el azúcar y la vainilla.
2. Calentar la leche sin que llegue a hervir.
3. Añadir la leche poco a poco a la mezcla de huevos, sin dejar de batir.
4. Verter caramelo líquido en el fondo del molde.
5. Verter la mezcla en el molde.
6. Cocer al baño María en el horno a 180°C durante 45-50 minutos.
7. Dejar enfriar, refrigerar y desmoldar para servir.

Pollo a la Plancha

Ingredientes:

- 2 pechugas de pollo
- Aceite de oliva
- Sal y pimienta
- Limón (opcional)

Instrucciones:

1. Salpimentar las pechugas.
2. Calentar un poco de aceite en la plancha o sartén.
3. Cocinar el pollo a fuego medio-alto hasta que esté dorado por ambos lados y bien cocido por dentro.
4. Servir con unas gotas de limón si se desea.

Pizza de Jamón y Piña

Ingredientes:

- Masa para pizza (comprada o casera)
- Salsa de tomate
- Queso mozzarella rallado
- Jamón cocido en lonchas
- Trozos de piña

Instrucciones:

1. Extender la masa sobre una bandeja para horno.
2. Untar con salsa de tomate.
3. Espolvorear el queso mozzarella.
4. Colocar el jamón y la piña por encima.
5. Hornear a 220°C durante 12-15 minutos hasta que la masa esté crujiente y el queso fundido.

Ensalada de Atún

Ingredientes:

- 1 lata de atún en aceite o agua
- Lechuga variada
- Tomate en cubos
- Cebolla en juliana
- Aceitunas
- Aceite de oliva
- Vinagre
- Sal y pimienta

Instrucciones:

1. Lavar y cortar la lechuga y el tomate.
2. Mezclar todos los ingredientes en un bol.
3. Añadir el atún escurrido y las aceitunas.
4. Aliñar con aceite, vinagre, sal y pimienta al gusto.

Chili con Carne

Ingredientes:

- 500 g de carne picada
- 1 cebolla
- 2 dientes de ajo
- 1 pimiento rojo
- 1 lata de tomate triturado
- 1 lata de frijoles rojos (kidney beans)
- 1 cucharadita de comino
- 1 cucharadita de pimentón
- Sal y pimienta
- Aceite de oliva

Instrucciones:

1. Sofreír la cebolla, el ajo y el pimiento picados en aceite.
2. Añadir la carne y cocinar hasta que se dore.
3. Agregar el tomate triturado y las especias. Cocinar a fuego lento 15 minutos.
4. Añadir los frijoles escurridos, cocinar 10 minutos más.
5. Salpimentar y servir caliente.

Rollitos Primavera

Ingredientes:

- 10 obleas para rollitos primavera
- Verduras ralladas (zanahoria, repollo, brotes de soja)
- 100 g de carne picada o gambas (opcional)
- Salsa de soja
- Aceite para freír

Instrucciones:

1. Saltear las verduras y la carne o gambas con un poco de salsa de soja.
2. Dejar enfriar.
3. Colocar una porción en cada oblea, enrollar y cerrar bien.
4. Freír en aceite caliente hasta que estén dorados y crujientes.
5. Escurrir y servir con salsa agridulce o de soja.

Galletas de Avena

Ingredientes:

- 150 g de avena en hojuelas
- 100 g de harina
- 100 g de azúcar moreno
- 1 huevo
- 100 g de mantequilla derretida
- 1 cucharadita de esencia de vainilla
- 1 cucharadita de polvo de hornear

Instrucciones:

1. Mezclar la mantequilla, el huevo y la vainilla.
2. Añadir el azúcar, la harina, la avena y el polvo de hornear. Mezclar bien.
3. Formar pequeñas bolitas y colocarlas en una bandeja con papel de horno.
4. Aplastar ligeramente las bolitas.
5. Hornear a 180°C durante 12-15 minutos hasta que estén doradas.

Espaguetis a la Boloñesa

Ingredientes:

- 400 g de espaguetis
- 500 g de carne picada
- 1 cebolla
- 2 dientes de ajo
- 1 zanahoria
- 400 ml de tomate triturado
- Aceite de oliva
- Sal y pimienta
- Hierbas italianas (orégano, albahaca)

Instrucciones:

1. Cocer los espaguetis según las instrucciones.
2. Sofreír la cebolla, ajo y zanahoria picados en aceite.
3. Añadir la carne y cocinar hasta dorar.
4. Incorporar el tomate triturado y las hierbas, cocinar 20 minutos a fuego lento.
5. Salpimentar.
6. Servir la salsa sobre los espaguetis.

Tortilla Francesa

Ingredientes:

- 2 huevos
- Sal al gusto
- Pimienta (opcional)
- Mantequilla o aceite para la sartén

Instrucciones:

1. Batir los huevos con sal y pimienta.
2. Calentar una sartén con un poco de mantequilla o aceite.
3. Verter los huevos batidos y cocinar a fuego medio, moviendo ligeramente para que no se pegue.
4. Cuando la tortilla esté casi cuajada, doblar por la mitad y servir caliente.

Smoothie de Mango

Ingredientes:

- 1 mango maduro pelado y cortado
- 200 ml de leche o yogur natural
- 1 cucharada de miel (opcional)
- Hielo al gusto

Instrucciones:

1. Colocar todos los ingredientes en la licuadora.
2. Batir hasta obtener una mezcla suave y cremosa.
3. Servir frío.

Panqueques de Avena

Ingredientes:

- 1 taza de avena en hojuelas
- 1 taza de leche (puede ser vegetal)
- 1 huevo
- 1 cucharadita de polvo de hornear
- 1 cucharadita de esencia de vainilla
- Una pizca de sal
- Miel o frutas para acompañar

Instrucciones:

1. Mezclar todos los ingredientes hasta obtener una masa homogénea.
2. Calentar una sartén antiadherente y verter pequeñas porciones de la mezcla.
3. Cocinar hasta que se formen burbujas, dar la vuelta y dorar el otro lado.
4. Servir con miel o frutas.

Empanadillas de Atún

Ingredientes:

- Masa para empanadillas
- 1 lata de atún escurrido
- 1 tomate pequeño picado
- 1 huevo duro picado
- 1/4 cebolla picada
- Sal y pimienta
- Aceite para freír o huevo batido para hornear

Instrucciones:

1. Mezclar el atún, tomate, huevo duro y cebolla. Salpimentar.
2. Rellenar las empanadillas con la mezcla.
3. Cerrar y sellar los bordes con un tenedor.
4. Freír en aceite caliente hasta dorar o pintar con huevo y hornear a 200°C por 15-20 minutos.

Batata al Horno

Ingredientes:

- 2 batatas medianas
- Aceite de oliva
- Sal y pimienta

Instrucciones:

1. Precalentar el horno a 200°C.
2. Lavar y cortar las batatas en rodajas o en cubos.
3. Mezclar con aceite, sal y pimienta.
4. Colocar en una bandeja y hornear durante 25-30 minutos, dando vuelta a la mitad del tiempo, hasta que estén tiernas y doradas.

Helado de Vainilla

Ingredientes:

- 500 ml de leche
- 200 ml de nata para montar (crema de leche)
- 150 g de azúcar
- 1 vaina de vainilla o 1 cucharadita de extracto de vainilla
- 4 yemas de huevo

Instrucciones:

1. Calentar la leche con la nata y la vaina de vainilla abierta (o extracto) hasta casi hervir.
2. Batir las yemas con el azúcar hasta que blanqueen.
3. Añadir poco a poco la mezcla caliente a las yemas, sin dejar de batir.
4. Volver la mezcla a la cazuela y cocinar a fuego lento hasta que espese (no hervir).
5. Colar, enfriar y meter en la máquina de helado o congelar removiendo cada 30 minutos hasta que tome consistencia.

www.ingramcontent.com/pod-product-compliance
Lightning Source LLC
LaVergne TN
LVHW061950070526
838199LV00060B/4056